BETTINA BREITER

# Leicht genießen mit dem Dampfgarer

**50** abwechslungsreiche Rezepte

riva

**Bibliografische Information der Deutschen Nationalbibliothek:**
Die Deutsche Nationalbibliothek verzeichnet diese Publikation in der Deutschen Nationalbibliografie. Detaillierte bibliografische Daten sind im Internet über http://d-nb.de abrufbar.

**Für Fragen und Anregungen:**
info@rivaverlag.de

Originalausgabe
1. Auflage 2018
© 2018 by riva Verlag, ein Imprint der Münchner Verlagsgruppe GmbH
Nymphenburger Straße 86
D-80636 München
Tel.: 089 651285-0
Fax: 089 652096

Redaktion: Ulrike Reinen
Umschlaggestaltung: Maria Wittek
Umschlagabbildungen und Abbildungen im Innenteil: © Bettina Breiter
Satz: inpunkt[w]o, Haiger (www.inpunktwo.de)
Druck: Florjancic Tisk d.o.o., Slowenien
Printed in the EU

ISBN Print 978-3-7423-0654-8
ISBN E-Book (PDF) 978-3-7453-0224-0
ISBN E-Book (EPUB, Mobi) 978-3-7453-0225-7

*Weitere Informationen zum Verlag finden Sie unter*

# www.rivaverlag.de

Beachten Sie auch unsere weiteren Verlage unter www.m-vg.de

# Inhalt

# Einleitung

Dies ist mein zweites Kochbuch-Projekt – das Ergebnis halten Sie in den Händen. In den letzten Monaten habe ich immer wieder auf diesen Moment hingearbeitet. Ich habe unzählige Fotos geschossen, viele neue Rezepte ausprobiert und viel gegessen. Und jetzt freue ich mich riesig darauf, meine Rezepte mit Ihnen zu teilen.

Ich bin Betti und ich koche für mein Leben gern mit meinem Steamer. Seit drei Jahren verzaubert mich das Dampfgaren und ich veröffentliche regelmäßig neue Rezepte auf meinem Blog www.steamhaus.ch. Daneben finden Sie Wissenswertes zum Thema Dampfgaren und eine Gartabelle.

Ich arbeite hauptsächlich mit meinem Profi-Kombi-Steamer. Viele meiner Freunde und Bekannten haben leider nicht die Möglichkeit, ein solches Gerät in ihrer Küche unterzubringen, obwohl sich viele genau das wünschen. Oft bekam ich das Feedback »Ich würde so gern deine leckeren Rezepte ausprobieren, aber ich hab leider keinen Dampfgarer«. Nun, es gibt eine Alternative: den Elektro-Dampfgarer! Er ist nicht teuer und findet in jeder Küche Platz. Zwar hat er nicht alle Möglichkeiten des Profi-Kombi-Steamers, doch mit der Garmethode »Dämpfen« lassen sich schon sehr viele köstliche Rezepte zubereiten. Und genau dafür habe ich dieses Kochbuch geschrieben. Jeder soll die Möglichkeit haben, sich von der Welt des Dampfgarens verzaubern zu lassen.

Ich fotografiere und koche leidenschaftlich gern und liebe es, gut zu essen und Neues auszuprobieren. Für leckeres und gesundes Essen muss man jedoch nicht stundenlang in der Küche stehen oder Profi sein. Jeder kann gut kochen und sich selbst, seinen Freunden oder der Familie ein Lächeln auf die Lippen zaubern – denn gutes Essen macht definitiv glücklich.

# Steamen und Dampfgaren

## Gesund und gehaltvoll

Weil bei einem Elektro-Dampfgarer mit Dampf gearbeitet wird, sind Nährstoff- und Vitaminverluste deutlich geringer als bei herkömmlichen Kochmethoden. Speisen sind leichter bekömmlich und die Verwendung von Fett ist nicht notwendig. Durch das Dämpfen entfalten sich Aromen besser und Farben werden intensiver. Aufgrund der geschmacksverstärkenden Wirkung des Dämpfens kann Salz ganz weggelassen oder wesentlich sparsamer eingesetzt werden. Deswegen sind Steamen und Dampfgaren so gesund.

## Elektro-Dampfgaren vereinfacht das Leben

Im Elektro-Dampfarer werden Zutaten schonend und schnell zubereitet, ohne dass etwas anbrennen kann, umgerührt werden muss oder stressig wird. Sie stehen also nicht die ganze Zeit am Herd, sondern können in der Zwischenzeit etwas lesen, einen Kaffee genießen oder kurz die Wäsche aufhängen – was immer Sie möchten. Die freie Zeit gehört Ihnen!

## Garen von ganzen Menüs

Mit dem Elektro-Dampfgarer lassen sich unterschiedliche Produkte gleichzeitig garen, ohne dass eine Geschmacksübertragung stattfindet. So können Sie ein ganzes Menü, bestehend aus Suppe, Fisch und einer Creme, auf einmal zubereiten.

## Auftauen im Nu

Der Elektro-Dampfgarer taut schonend Fleisch, Fisch und Geflügel auf.

## Wellness mit Dampf

Im Elektro-Dampfgarer lassen sich sogar feuchtwarme Tücher oder heiße Wickel vorbereiten.

## Garzeit und Gerätetyp

Sämtliche Rezepte des vorliegenden Kochbuchs wurden mit einem Russell Hobbs Cook@Home (19270-56) Dampfgarer (800 W, 9 l) zubereitet. Dieser Elektro-Dampfgarer ist mit drei spülmaschinengeeigneten Dampfgarbehältern ausgestattet, die ein Fassungsvermögen von 9 l haben, sowie mit einer Reisschale. In den Rezepten finden Sie immer wieder die Angaben Garkorb 1, 2 oder 3. Mit Garkorb 1 ist der unterste Korb gemeint, die 2 ist der mittlere und Garkorb 3 ist der oberste. Beim Russell Hobbs Elektro-Dampfgarer sind die Garkörbe entsprechend benannt. Der 60-Minuten-Timer schaltet den Dampfgarer automatisch ab und Wasser kann jederzeit während des Dampfvorgangs über die seitlichen Wassereinfüllöffnungen nachgefüllt werden.

Die Garzeiten können je nach Gerät variieren – bitte beachten Sie dies, wenn Sie mit einem anderen Gerät arbeiten.

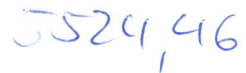

## Die Vorzüge auf einen Blick

- Im Dampf gegartes Gemüse bekommt eine intensive Farbe.
- Verschiedene Speisen können gleichzeitig im Dampf gegart werden. Es findet keine Geschmacksübertragung statt.
- Gemüse kann man bereits vor dem Dämpfen würzen. Dafür eignet sich feinkörniges Gewürz (zum Beispiel feines Salz).
- Würste wie Saucisson, Wienerli oder Brühwürste gelingen sehr gut im Dampf. Da man Würste nicht einstechen muss, verlieren sie ihren Eigengeschmack nicht.
- Gefrorenes Gemüse lässt sich ohne vorheriges Auftauen dampfgaren.
- Die Größe der verwendeten Produkte hat einen wesentlichen Einfluss auf die Garzeit.
- Und das Wichtigste: Sie können ausprobieren, lernen und Erfahrungen sammeln. Es macht wirklich Spaß!

## Dampfgartabelle für Elektro-Dampfgarer

| Gemüse | Dauer |
| --- | --- |
| Artischocken | 50–60 |
| Auberginen | 25–30 |
| Blumenkohl | 25–30 |
| Bohnen | 40–50 |
| Brokkoli | 20–30 |
| Chicorée | 25–30 |
| Dörrbohnen eingeweicht | 45–60 |
| Erbsen | 15–20 |
| Fenchel | 20–25 |
| Kabis/Weißkohl | 30–40 |
| Karotten (zerkleinert) | 20–30 |
| Kefen/Zuckerschoten | 15–20 |
| Kohlrabi | 25–35 |
| Kohl | 45–60 |
| Krautstiel/Mangold | 20–25 |
| Kürbis | 30–40 |
| Lauch | 25–35 |
| Maiskolben | 45–50 |
| Peperoni (Paprika) | 15–20 |

| Gemüse | Dauer |
|---|---|
| Rote Bete | 70–90 |
| Rosenkohl | 25–30 |
| Sauerkraut roh | 50–70 |
| Sauerkraut vorgegart | 20–30 |
| Schwarzwurzel | 30–35 |
| Sellerie | 20–30 |
| Spargel grün | 20–25 |
| Spargel weiß | 25–30 |
| Spinat | 5–10 |
| Stangensellerie | 25–30 |
| Süßkartoffeln | 35–50 |
| Tomaten | 15–20 |
| Wirsing | 20–30 |
| Zucchini | 20–30 |

| Eier | Dauer |
|---|---|
| Eier weich gekocht | 10–20 |
| Eier hart gekocht | 20–30 |

| Beilagen | Dauer |
|---|---|
| Bulgur (1 Teil Bulgur, 1 Teil Wasser) | 30–40 |
| Couscous (1 Teil Couscous, 1 Teil Wasser) | 15–20 |
| Ebly/Zartweizen (1 Teil Ebly, 1 Teil Wasser) | 25–35 |
| Gnocchi | 10–15 |
| Grieß (1 Teil Grieß, 2,5 Teile Milch) | 15–20 |
| Hirse (1 Teil Grieß, 1,5 Teile Wasser) | 20–40 |
| Kartoffeln zerkleinert | 20–30 |
| Kartoffeln ganz | 35–50 |
| Knödel | 20–35 |
| Knöpfli/Spätzle mit Reibkäse und Butter | 30–35 |
| Polenta (1 Teil Polenta, 3 Teile Flüssigkeit) | 20–45 |
| Ravioli | 10–15 |
| Reis (1 Teil Reis, 1,5 Teile Flüssigkeit) | 30–40 |
| Risotto (1 Teil Risotto, 2,5 Teile Flüssigkeit) | 30–40 |

| | |
|---|---|
| Linsen, rot (1 Teil Linsen, 1 Teil Flüssigkeit) | 20–30 |
| Linsen, grün/braun (1 Teil Linsen, 1 Teil Flüssigkeit) | 50–70 |

| *Fleisch* | *Dauer* |
|---|---|
| Filet | 25–35 |
| Geschnetzeltes | 60–90 |
| Hähnchenbrüstchen | 20–30 |
| Rippli/Kasseler | 45–60 |
| Saucisson | 30–45 |
| Schinkli/Schinken | 60–90 |
| Siedfleisch/Tafelspitz | 70–100 |
| Speck | 30–40 |

| *Fisch, Meeresfrüchte* | *Dauer* |
|---|---|
| Fischfilet | 10–20 |
| Fisch ganz | 30–40 |
| Fischterrine | 20–35 |
| Garnelen | 5–15 |
| Lachsfilet | 10–20 |
| Muscheln | 25–35 |
| Thon/Thunfisch | 10–30 |

| *Dessert* | *Dauer* |
|---|---|
| Karamell-Köpfli | 25–40 |
| Creme | 25–35 |
| Flan | 20–60 |
| Kompott | 15–25 |
| Panna Cotta | 20–30 |

| *Auftauen* | *Dauer* |
|---|---|
| Fleisch, Geflügel, Fisch | 15–25 |

| *Wellness* | *Dauer* |
|---|---|
| Feuchtwarme Tücher | 15–20 |
| Heiße Wickel | 15–25 |
| Hot Stone | 20–30 |

Garkorb 3

Garkorb 2

Wasser-
einfüll-
öffnungen

Garkorb 1

60-Minuten-
Timer

Russell Hobbs

# Vorspeisen

# Garnelen-Cocktail

**PORTIONEN: 4**
**VORBEREITUNGSZEIT: 20 MINUTEN • GARZEIT: 10 MINUTEN**

## ZUTATEN

500 g Garnelen
  (nicht vorgekocht)
Salz
Pfeffer
2 EL Olivenöl
1 TL Chilipulver-Mix

½ Eisbergsalat
½ Bund Basilikum
2 Avocados

### Sauce:

3 EL Mayonnaise
3 EL Joghurt
1 EL Ketchup
1 Spritzer Worcester-
  sauce
Saft von ½ Zitrone

1 Baguette

1. Garnelen, falls tiefgefroren, auftauen lassen und falls nötig entdarmen. Mit Salz, Pfeffer, Olivenöl und Chili-pulver einreiben und in einer Schüssel im Kühlschrank 3–12 Stunden marinieren.

2. Eisbergsalat in Streifen schneiden. Etwas Basilikum zur Seite legen, den Rest hacken. Avocados schälen und in Streifen schneiden.

3. Marinierte Garnelen in Garkorb 1 des Dampfgarers legen.

4. Ca. 10 Minuten garen. (Nach 5 Minuten kontrollieren, denn die Dauer kann je nach Größe der Garnelen vari-ieren.)

5. Unterdessen Eisbergsalat, Basilikum und Avocados in vier Cocktailgläsern anrichten.

6. Alle Zutaten für die Sauce verrühren und mit Salz und Pfeffer abschmecken.

7. Etwas Sauce über Salat und Avocados geben, die Garne-len darauf verteilen und nochmals Sauce dazugeben. Mit dem restlichen Basilikum garnieren und mit Baguette servieren.

# Vitello tonnato

## ZUTATEN

500 g Kalbsbraten
etwas Öl zum Anbraten
Salz
Pfeffer

### Sauce:

1 Eigelb
1 TL Senf
100 ml Sonnenblumenöl

160 g Thon/Thunfisch
4 Sardellenfilets
1 EL Kapern
½ EL Zitronensaft
3 EL Fleischsud
1 EL saurer Halbrahm/
   saure Sahne

### Zum Garnieren:

½ Bio-Zitrone in
   Scheiben
1 EL Kapern

1. Kalbsbraten mit etwas Öl ca. 5 Minuten in einer heißen Bratpfanne anbraten. Danach mit Salz und Pfeffer würzen und in Garkorb 1 des Dampfgarers legen. Gargutsonde einstecken.

2. Ca. 30 Minuten garen (Kerntemperatur 55–60 °C).

3. Unterdessen für die Sauce die Mayonnaise herstellen. Dazu Eigelb und Senf in einen hohen schmalen Behälter geben. Mit dem Stabmixer verrühren, bis eine helle Masse entsteht. Weiter mixen und sehr langsam nach und nach das Sonnenblumenöl dazugeben. So entsteht eine cremige Mayonnaise.

4. Die restlichen Zutaten in einen anderen Behälter geben und alles pürieren. Danach die Mayonnaise einrühren und mit Salz und Pfeffer abschmecken.

5. Kalbsbraten komplett auskühlen lassen. Danach in sehr feine Streifen schneiden, auf eine Platte legen und Sauce darübergeben. Mit Zitronenscheiben, Kapern und Pfeffer garnieren. Dazu passt Baguette.

# Dim Sum

**PORTIONEN: 4**
**VORBEREITUNGSZEIT: 40 MINUTEN • GARZEIT: 10 MINUTEN**

## ZUTATEN

250 g Schweinehack-
fleisch
2 EL Sojasauce
½ TL Zucker
1 TL Mehl
1 TL Sesamöl
50 g Shiitakepilze
1 Frühlingszwiebel
1 Knoblauchzehe
Pfeffer
1 Packung Wonton-
Blätter

## Sauce:

1 EL Zucker
4 EL Sojasauce
2 EL Sherry-Essig
½ Chilischote

1 EL Sesam

1. Hackfleisch, Sojasauce, Zucker, Mehl und Öl in eine Schüssel geben. Pilze und Frühlingszwiebel fein hacken und hinzufügen. Knoblauchzehe abziehen, auspressen und mit den anderen Zutaten gut vermischen. Mit Pfeffer würzen.

2. Ca. 1 TL Fleischfüllung auf ein Wonton-Blatt geben. Den Rand mit etwas Wasser bestreichen, Wonton-Blatt zu einem Halbmond falten und die obere Teighälfte gezackt in Falten gelegt auf die untere Hälfte drücken, um die Naht zu verschließen. Die Garkörbe 1, 2 und 3 des Dampfgarers mit Backpapier belegen und Dim Sum darauf verteilen.

3. 10 Minuten garen.

4. Unterdessen die Sauce zubereiten. Zucker, Sojasauce und Sherry-Essig in einer kleinen Schüssel verrühren. Chilischote entkernen, fein hacken und dazugeben.

5. Dim Sum mit Sauce anrichten und mit Sesam bestreuen.

Dim Sum ist kantonesisch und bedeutet:
»das Herz berühren«

# Gemüseterrine

**PORTIONEN: 4–8**

**VORBEREITUNGSZEIT: 20 MINUTEN • GARZEIT: 35 MINUTEN**

## ZUTATEN

1 Peperoni
1 Zucchini
1 Frühlingszwiebel

4 Eier
250 g Ricotta
150 g geriebener
   Parmesan
1 Bund Basilikum
Salz
Pfeffer

1. Peperoni, Zucchini und Frühlingszwiebel sehr fein schneiden und in Garkörbe 1 und 2 des Dampfgarers legen.

2. 15 Minuten garen.

3. Die Eier schaumig rühren. Ricotta und Parmesan dazugeben. Basilikum hacken und untermischen. Kräftig mit Salz und Pfeffer würzen.

4. Acht Kaffeetassen (oder eine Terrineform) mit Klarsichtfolie auskleiden.

5. Gedämpftes Gemüse mit der Käsefüllung mischen und auf die Tassen verteilen. Tassen in die Garkörbe 1, 2 und 3 des Dampfgarers stellen.

6. 20 Minuten garen.

7. Lauwarm oder kalt servieren.

Verwenden Sie je nach Jahreszeit
saisonales Gemüse.

# Karottenpüree mit Ei

- - - - - - - - - - - - - - - - - - - - - - - - - - - - - - - - - - - - - - - - -

**PORTIONEN: 4**
**VORBEREITUNGSZEIT: 10 MINUTEN • GARZEIT: 30 MINUTEN**

- - - - - - - - - - - - - - - - - - - - - - - - - - - - - - - - - - - - - - - - -

## ZUTATEN

500 g Karotten
4 Eier
20 g Butter
1 EL Rahm/Sahne
Salz
Pfeffer

½ Beetkresse
  (z. B. Alfalfa)
Crème fraîche

1. Karotten schälen und in Scheiben schneiden. In Garkorb 1 des Dampfgarers legen, die Eier in Garkorb 2.

2. 30 Minuten garen.

3. Gedämpfte Karotten in einen hohen Becher geben und pürieren. Butter und Rahm dazugeben. Nochmals pürieren. Mit Salz und Pfeffer abschmecken.

4. Das Karottenpüree in Gläser geben. Eier schälen, aufschneiden und jeweils eine Hälfte in ein Glas legen. Mit einem Klecks Crème fraîche und Kresse anrichten.

# Salate und Suppen

# Rote-Bete-Salat

**PORTIONEN: 4**
**VORBEREITUNGSZEIT: 30 MINUTEN • GARZEIT: 90 MINUTEN**

## ZUTATEN

2 kg rohe Rote Beten
2–5 Senfsamen
10 schwarze Pfeffer-
  körner, zerdrückt
700 ml Essig
500 ml Wasser
2 Lorbeerblätter
½ TL Zucker
Salz
½ Beetkresse
  (z. B. Alfalfa)

1. Rote Beten waschen, aber nicht schälen, damit der Saft nicht ausläuft. In die Garkörbe 1 und 2 des Dampfgarers legen.

2. 90 Minuten garen.

3. Haut der Roten Beten ablösen. Auskühlen lassen.

4. Rote Beten in ca. 0,5 cm dicke Scheiben schneiden. Senfsamen, Pfeffer, Essig, Wasser, Lorbeerblätter, Zucker und Salz zu den Roten Beten geben und ziehen lassen.

5. Den Salat mit etwas Kresse anrichten.

Übrigen Rote-Bete-Salat in Einmachgläser geben und mit Sud bedecken, um ihn zu konservieren. Nochmals 30 Minuten im Elektro-Dampfgarer garen.

# Fruchtiger Linsensalat

## ZUTATEN

250 g grüne Linsen

250 ml Wasser

1 Süßkartoffel

100 g Erbsen (tiefgekühlt oder frisch)

3–4 Ananasscheiben

3–4 Pfirsichhälften

1 cm Ingwer

### Sauce:

Olivenöl

Balsamico

Zucker

Salz

Pfeffer

Saft von ½ Zitrone

1. Linsen und Wasser in eine Garschale geben und in Garkorb 1 des Dampfgarers stellen.

2. 20 Minuten (von insgesamt 50 Minuten) garen.

3. Unterdessen die Süßkartoffel schälen, in kleine Stücke schneiden und in Garkorb 2 legen.

4. 30 Minuten garen. Die Linsen bleiben währenddessen in Garkorb 1.

5. Unterdessen die Erbsen auftauen, Ananas und Pfirsich in Stücke schneiden und den Ingwer klein hacken.

6. Die Zutaten für die Sauce mischen. Mit Salz und Pfeffer abschmecken und zur Seite stellen.

7. Linsen und Süßkartoffel in eine Schüssel geben. Ananas, Pfirsich, Ingwer, Erbsen und Sauce zufügen und gut mischen. Kalt oder lauwarm genießen.

# Fituess-Salat mit Hähnchen

**PORTIONEN: 2**
**VORBEREITUNGSZEIT: 20 MINUTEN • GARZEIT: 30 MINUTEN**

## ZUTATEN

einige Blätter Salat
1 Handvoll Spinat
1 Handvoll Portulak
140 g Mais (aus der Dose)
50 g Kichererbsen
  (aus der Dose)
1 Rote Bete (gekocht)
1 Avocado
1 Blutorange

2 Hähnchenbrüstchen
Hähnchengewürz
Salz
Pfeffer

### Sauce:

2 EL Olivenöl
1 EL Himbeer-
  Balsamico
1 EL Joghurt
1 EL Apfelessig
1 Handvoll Sprossen
  (z. B. Alfalfa)

1. Salat zerpflücken und mit Spinat, Portulak, Mais und Kichererbsen in eine Schüssel geben.

2. Rote Bete in Würfel schneiden und zur Seite legen. Avocado und Blutorange schälen. Blutorange in Streifen oder Scheiben schneiden und ebenfalls zur Seite legen.

3. Hähnchen mit Hähnchengewürz, Salz und Pfeffer würzen und in Garkorb 1 legen.

4. 30 Minuten garen.

5. Unterdessen die Sauce zubereiten. Dazu alle Zutaten verrühren und mit Salz und Pfeffer abschmecken.

6. Salatmischung, Rote Bete, Avocado und Blutorange mit den Hähnchenbrüstchen anrichten und Sprossen daraufgeben. Sauce darüberträufeln und genießen.

Der Salat lässt sich ganz einfach
auch mit anderen Zutaten variieren.
Erlaubt ist, was schmeckt!

# Selleriesuppe

**PORTIONEN: 4**

**VORBEREITUNGSZEIT: 15 MINUTEN • GARZEIT: 20 MINUTEN**

## ZUTATEN

1 Knollensellerie

1 kleine Zwiebel

400 ml Gemüsebouillon

100 ml Rahm/Sahne

2 EL saurer Halbrahm/
  saure Sahne

Pfeffer

½ Beetkresse
  (z. B. Alfalfa)

1. Sellerie schälen, in kleine Stücke schneiden und in Garkorb 1 des Dampfgarers legen. Zwiebel schälen, hacken und dazulegen.

2. Gemüsebouillon in eine Garschale geben und in Garkorb 2 stellen.

3. 20 Minuten garen.

4. Gemüse und Boullion in eine hohe Schüssel geben und mit dem Mixer pürieren. Rahm und sauren Halbrahm dazugeben. Mit Pfeffer abschmecken und mit Kresse garnieren.

# Erbsensuppe

## ZUTATEN

400 g Erbsen
  (tiefgefroren)
50 ml Weißwein
300 ml Gemüsebouillon
200 ml Rahm/Sahne
50 g Crème fraîche
Pfeffer

Sprossen (z. B. Erbsen-
  sprossen)
einige Erbsen

1. Erbsen in eine Garschale des Dampfgarers geben. Weißwein und Gemüsebouillon dazugießen. Die Schale in
   Garkorb 1 stellen.

2. 20 Minuten garen.

3. Einige Erbsen zur Seite legen, die restlichen mixen.
   Rahm und Crème fraîche dazugeben. Mit Pfeffer abschmecken und mit den Sprossen und Erbsen garnieren.

# Hauptgerichte mit Fleisch

# Kasseler mit Sauerkraut

**PORTIONEN: 4**
**VORBEREITUNGSZEIT: 20 MINUTEN • GARZEIT: 60 MINUTEN**

## ZUTATEN

400 g Rippli/Kasseler
1 Zwiebel
2 mehligkochende
  Kartoffeln
2 Äpfel
400 g Sauerkraut
2 TL Paprikapulver
200 ml Süßmost

1. Kasseler in Garkorb 2 des Dampfgarers legen.

2. Zwiebel schälen und fein hacken. Kartoffeln schälen und fein reiben. Äpfel schälen, achteln und das Kerngehäuse entfernen. Alles in eine Garschale füllen. Sauerkraut, Paprika und Süßmost dazugeben und gut mischen.

3. Die Schale in Garkorb 1 stellen und zusammen mit dem Kasseler in Garkorb 2 für 60 Minuten garen.

4. In einer Schüssel anrichten und servieren.

# Tafelspitz

**PORTIONEN: 4–6**

**VORBEREITUNGSZEIT: 30 MINUTEN • GARZEIT: 100 MINUTEN**

## ZUTATEN

800 g Siedfleisch/
   Tafelspitz

1 Zwiebel

einige Nelken

1 Lorbeerblatt

2 Thymianzweige

½ Bund Petersilie

12 schwarze
   Pfefferkörner,
   zerdrückt

800 ml Fleischbouillon

2 Karotten

1 Stange Lauch

1 Kohlrabi

½ Chinakohl

1. Tafelspitz in 2 Stücke schneiden und in zwei Garschalen des Dampfgarers legen. Je eine halbe Zwiebel schälen, mit Nelken spicken und dazugeben. Lorbeerblatt, Thymian, Petersilie und zerdrückte Pfefferkörner auf die Garschalen verteilen.

2. Fleischbouillon in beide Garschalen gießen, bis das Fleisch knapp bedeckt ist. Garschalen in Garkörbe 1 und 2 stellen.

3. 40 Minuten (von insgesamt 100 Minuten) garen.

4. Unterdessen Karotten und Lauch in Streifen schneiden, Kohlrabi schälen und in Würfel schneiden und mit dem Chinakohl in Garkorb 3 legen.

5. 60 Minuten garen. Der Tafelspitz bleibt währenddessen in den Garkörben 1 und 2.

6. Fleisch in Tranchen schneiden und mit dem Gemüse anrichten. Nach Belieben etwas Sud dazugeben.

# Zitronenrisotto mit Hähnchen

**PORTIONEN: 4**
**VORBEREITUNGSZEIT: 15 MINUTEN • GARZEIT: 40 MINUTEN**

## ZUTATEN

1 Zwiebel
150 g Risottoreis
300 ml Gemüsebouillon
50 ml Weißwein
½ Bio-Zitrone

2 Hähnchenbrüstchen
Pfeffer
Salz

einige Zweige Petersilie
125 g Mascarpone

1. Zwiebel schälen und hacken. Risottoreis mit Gemüse-bouillon, Weißwein und Zwiebel vermischen und in eine Garschale des Dampfgarers füllen. Zitronenabrieb da-zugeben.

2. Die Garschale in Garkorb 1 stellen und 10 Minuten (von insgesamt 40 Minuten) garen.

3. Die Hähnchenbrüstchen auf beiden Seiten mit Pfeffer und Salz würzen und in Garkorb 2 legen.

4. 30 Minuten garen. Die Garschale mit dem Risotto bleibt währenddessen in Garkorb 1.

5. Petersilie fein hacken. Mascarpone und Petersilie in das Risotto geben. Mit Zitronensaft verfeinern und mit Salz und Pfeffer abschmecken.

6. Hähnchenbrüstchen nach Belieben kurz in der Brat-pfanne bräunen.

7. Anrichten und servieren.

# Karottenpüree mit Maroni und Hähnchen

**PORTIONEN: 2**

**VORBEREITUNGSZEIT: 15 MINUTEN • GARZEIT: 30 MINUTEN**

**ZUTATEN**

400 g Karotten
80 g Maroni
  (tiefgefroren)
2 Hähnchenbrüstchen
Salz
Pfeffer

1 EL Olivenöl
2 EL Crème fraîche

1. Karotten schälen und in kleine Würfel schneiden. Karotten in Garkorb 1 des Dampfgarers legen. Maroni in Garkorb 3 legen.

2. Hähnchenbrüstchen auf beiden Seiten mit Salz und Pfeffer würzen und in Garkorb 2 legen.

3. Alles 30 Minuten garen.

4. Karotten in einen hohen Behälter geben und mit einem Stabmixer pürieren. Olivenöl und Crème fraîche dazugeben. Mit Salz und Pfeffer abschmecken.

5. Anrichten und servieren.

Dazu passt Baguette.

# Saucisson-Sauerkraut Dim Sum

**PORTIONEN: 4**
**VORBEREITUNGSZEIT: 30 MINUTEN • GARZEIT: 15 MINUTEN**

## ZUTATEN

### Wonton (chinesische Teigtaschen):

1 Saucisson
1 TL Wasabi-Paste
2 EL Sojasauce
1 EL Wasser
75 g Sauerkraut
1 Packung Wonton-
   Blätter

### Suppe:

500 ml Kokosmilch
2 cm Ingwer
1 Chilischote
140 g Mais (aus der Dose)
1 Stange Lauch
1 Limette
Fischsauce zum
   Abschmecken
Salz

1. Saucisson enthäuten und in Würfel schneiden. Wasabi-Paste mit Sojasauce und Wasser verrühren und über die Saucisson-Würfel geben. Mit Sauerkraut vermischen.

2. Je einen TL der Füllung auf ein Wonton-Blatt geben. Rand der Wonton-Blätter mit Wasser bestreichen und die Blätter diagonal falten. Backpapier in die Garkörbe 1, 2 und 3 des Dampfgarers legen. Wonton darauflegen.

3. 15 Minuten garen.

4. Unterdessen für die Suppe die Kokosmilch in eine Pfanne geben und aufkochen.

5. Ingwer schälen und in Scheiben schneiden. Chilischote in Ringe schneiden und Mais abtropfen. Alles zur Kokosmilch geben.

6. Den Lauch in Streifen oder Ringe schneiden und ebenfalls zur Kokossuppe geben.

7. Suppe mit Limettensaft, Fischsauce und Salz abschmecken. Wonton darauf platzieren und servieren.

# Schinken-Sulz-Terrine

**PORTIONEN: 4–8**

**VORBEREITUNGSZEIT: 25 MINUTEN • GARZEIT: 20 MINUTEN**

## ZUTATEN

2 Schalotten

300 g Schinken

1 Knoblauchzehe

½ Bund Petersilie

2 Packungen
Sülzepulver

400 ml Gemüsebouillon

1 EL Weißweinessig

Pfeffer

1. Schalotten schälen. Schinken und Schalotten in Streifen schneiden. Knoblauchzehe abziehen, halbieren und in feine Scheiben schneiden. Petersilie fein hacken.

2. Sülzepulver in die Gemüsebouillon geben. Weißweinessig hinzufügen, mit etwas Pfeffer würzen und gut verrühren.

3. Eine Garschale des Dampfgarers mit Klarsichtfolie auslegen. Alle Zutaten einfüllen und gut vermischen. In Garkorb 1 stellen.

4. 20 Minuten garen.

5. Terrine auskühlen und mindestens 4 Stunden im Kühlschrank erstarren lassen. Zum Servieren aus der Form stürzen und in Scheiben schneiden.

Dazu passt frisches Brot.

# Ragout mit Kartoffelpüree, Dörrbohnen und Karotten

**PORTIONEN: 2**
**VORBEREITUNGSZEIT: 30 MINUTEN • GARZEIT: 90 MINUTEN**

## ZUTATEN

100 g Dörrbohnen
400 g Rindsragout
Öl zum Anbraten
1 Zwiebel
25 ml Fleischbrühe
50 ml Rotwein
1 Lorbeerblatt
1 TL Paprikapulver
3 Karotten
½ Knollensellerie

500 g Kartoffeln
100 ml Rahm/Sahne
Muskatnuss
Salz
Pfeffer

100 ml Rahm/Sahne
1 EL Mehl

1. Dörrbohnen 60 Minuten in lauwarmem Wasser einweichen.

2. Ragout in einer Bratpfanne mit etwas Öl scharf anbraten. In eine Garschale des Dampfgarers legen.

3. Zwiebel schälen und hacken. Mit Fleischbrühe, Rotwein, Lorbeerblatt und Paprikapulver zum Fleisch geben. Karotten und Sellerie schälen, in grobe Stücke schneiden und hinzufügen.

4. 30 Minuten (von insgesamt 90 Minuten) garen.

5. Die Dörrbohnen aus dem Wasser nehmen und in Garkorb 2 legen.

6. 30 Minuten (von insgesamt 60 Minuten) garen. Das Ragout bleibt währenddessen in Garkorb 1.

7. Die Kartoffeln schälen und in kleine Stücke schneiden und in Garkorb 3 legen. 30 Minuten garen. Das Ragout bleibt währenddessen in Garkorb 1 und die Dörrbohnen bleiben in Garkorb 2.

8. Kartoffeln mit dem Kartoffelstampfer oder einem Passiergerät zerdrücken. Rahm dazugeben und zu einem glatten Püree verarbeiten. Wenn das Püree zu fest ist, noch etwas Rahm oder Milch dazugeben. Mit Muskatnuss, Salz und Pfeffer abschmecken.

9. Die Ragout-Sauce aus der Garschale leeren und in einer Pfanne mit Rahm und Mehl eindicken. Mit Salz und Pfeffer abschmecken. Servieren.

# Gemüse-Hähnchen-Salat

**PORTIONEN: 4**
**VORBEREITUNGSZEIT: 25 MINUTEN • GARZEIT: 40 MINUTEN**

## ZUTATEN

1 Romanesco
500 g grüne Bohnen
4 Hähnchenbrüstchen
Curry
Paprika

1 Bund Basilikum
½ Bund Petersilie
150 g Crème fraîche
Salz
Pfeffer

1 Zwiebel
Butter zum Dünsten
200 ml Gemüsebouillon

12 Cherrytomaten

1. Romanesco in kleine Stücke schneiden. Enden der Bohnen abschneiden. Bohnen in Garkorb 1 des Dampfgarers legen.

2. 10 Minuten (von insgesamt 40 Minuten) garen.

3. Hähnchenbrüstchen mit Curry und Paprika marinieren. Nach 10 Minuten den Romanesco in Garkorb 2 und die Hähnchenbrüstchen in Garkorb 3 legen.

4. 30 Minuten garen. Die Bohnen bleiben währenddessen in Garkorb 1.

5. Basilikum und Petersilie in Streifen schneiden. Crème fraîche dazugeben und alles pürieren. Mit Salz und Pfeffer würzen.

6. Zwiebel fein hacken und mit Butter andünsten. Gemüsebouillon dazugeben und einige Minuten einkochen lassen.

7. Cherrytomaten halbieren und mit Salz und Pfeffer bestreuen.

8. Romanesco, Bohnen und Crème fraîche zur Gemüsebouillon geben. Alles mischen und aufkochen. Hähnchen in Scheiben schneiden und mit den Tomaten in die Mischung legen. Nochmals mit Salz und Pfeffer würzen und servieren.

# Schweinefilet an Apfel-Ingwer-Sauce mit Reis und Gemüse

**PORTIONEN: 4**

**VORBEREITUNGSZEIT: 25 MINUTEN • GARZEIT: 30 MINUTEN**

## ZUTATEN

4 Karotten
2 Stangen Lauch

300 g Wildreis
350 ml Gemüsebouillon

500 g Schweinefilet
1 EL Rapsöl
Salz
Pfeffer

### Apfel-Ingwer-Sauce:

1 Apfel
1 cm Ingwer
2 Stängel Salbei
200 ml Gemüsebouillon
100 ml Rahm/Sahne

1. Karotten schälen und in Scheiben schneiden. Lauch in Ringe schneiden und mit den Karotten in Garkorb 2 des Dampfgarers legen.

2. Wildreis mit Gemüsebouillon in Garschale 1 geben und in Garkorb 1 stellen.

3. Das Schweinefilet in einer Bratpfanne mit dem Öl auf allen Seiten scharf anbraten. Danach leicht mit Salz und Pfeffer würzen, Fleischthermometer einstecken und in Garkorb 3 stellen.

4. Alles 30 Minuten garen.

5. Das Schweinefilet soll eine Kerntemperatur von 55–60 °C erreichen. Zwischendurch kontrollieren, denn je nach Dicke des Filets kann diese schon vor Ablauf der Garzeit erreicht sein. Im Backofen bei 50 °C warm halten, bis Reis und Gemüse fertig sind.

6. Unterdessen die Apfel-Ingwer-Sauce ansetzen. Dazu Apfel und Ingwer in kleine Würfel schneiden. Zusammen mit den Salbeistängeln und der Gemüsebouillon in eine Pfanne geben und etwas köcheln lassen. Nach 10 Minuten den Rahm dazugeben. Zum Schluss den Salbei entfernen, die Sauce mit einem Stabmixer pürieren und mit Pfeffer abschmecken.

7. Das Filet in Scheiben schneiden und mit Reis, Gemüse und Sauce servieren.

# Riz Casimir

**PORTIONEN: 2**
**VORBEREITUNGSZEIT: 25 MINUTEN • GARZEIT: 40 MINUTEN**

## ZUTATEN

200 g Langkornreis
300 ml Wasser

2 Hähnchenbrüstchen
Salz
Pfeffer
Curry

2 Bananen
4 Ananasscheiben
   (aus der Dose)
Aprikosen- oder
   Pfirsichhälften
   (aus der Dose)
Butter zum Anbraten

### Sauce:

3 EL Curry
2 EL Mehl
3 EL Butter
200 ml Fleischbouillon
200 ml Rahm/Sahne
2 EL Ananassaft
   (aus der Dose)

2 EL Mandelblättchen

1. Reis und Wasser in Garschale 1 des Dampfgarers geben.

2. 10 Minuten (von insgesamt 40 Minuten) garen.

3. Hähnchenbrüstchen mit Salz, Pfeffer und Curry marinieren.

4. Die Hähnchenbrüstchen in Garkorb 2 legen und 30 Minuten garen. Der Reis bleibt währenddessen in Garkorb 1.

5. Bananen schälen und längs halbieren. Ananasscheiben, Aprikosen- oder Pfirsichhälften und Bananen mit Butter anbraten und warm stellen.

6. Für die Sauce Curry und Mehl mit der Butter in einer Pfanne anschwitzen. Fleischbouillon, Rahm und Ananassaft dazugeben. Mit Salz und Pfeffer abschmecken, nach Belieben mit Curry nachwürzen.

7. Die Mandelblättchen kurz in einer Bratpfanne anrösten. Hähnchen und Reis damit bestreuen und servieren.

# Vegetarische Hauptgerichte

# Brokkoli-Kartoffelpüree

**PORTIONEN: 4**
**VORBEREITUNGSZEIT: 20 MINUTEN • GARZEIT: 30 MINUTEN**

## ZUTATEN

600 g mehligkochende
  Kartoffeln
300 g Brokkoli
200 ml Rahm/Sahne
Butter zum
  Abschmecken
Muskatnuss
Salz
Pfeffer

1. Kartoffeln schälen und in kleine Stücke schneiden. Brokkoli in kleine Röschen teilen. Beides in die Garkörbe 1, 2 und 3 des Dampfgarers verteilen.

2. 30 Minuten garen.

3. Einige Brokkoliröschen zur Seite legen. Den restlichen Brokkoli und die Kartoffeln mit dem Kartoffelstampfer oder einem Passiergerät zerdrücken. Rahm dazugeben und zu einem glatten Püree verarbeiten. Wenn das Püree zu fest ist, noch etwas Rahm oder Milch hinzufügen. Mit Butter, Muskatnuss, Salz und Pfeffer abschmecken und mit Brokkoliröschen garniert servieren.

# Weißkohl mit Senfsauce an Wildreis

**PORTIONEN: 2**
**VORBEREITUNGSZEIT: 25 MINUTEN • GARZEIT: 30 MINUTEN**

## ZUTATEN

1 Weißkohl
125 g Wildreis
75 ml Gemüsebouillon

### Sauce:

10 g Butter
1 EL Mehl
100 ml Gemüsebouillon
50 ml Rahm/Sahne
1 EL grobkörniger Senf
50 ml saurer Halbrahm/
  saure Sahne
Salz
Pfeffer

1. Weißkohl in Achtel schneiden. Die dicken Strunkteile am Ansatz herausschneiden. Weißkohl in die Garkörbe 2 und 3 des Dampfgarers legen.

2. Wildreis und Gemüsebouillon in eine Garschale geben und in Garkorb 1 stellen.

3. Alles 30 Minuten garen.

4. Unterdessen die Senfsauce zubereiten. Dazu die Butter in einer Pfanne schmelzen. Das Mehl beifügen und unter ständigem Rühren kurz andünsten. Mit Gemüsebouillon ablöschen. Rahm beifügen und kurz kochen lassen.

5. Senf und sauren Halbrahm zur Sauce geben und mit Salz und Pfeffer abschmecken.

# Ratatouille

**PORTIONEN: 4**

**VORBEREITUNGSZEIT: 25 MINUTEN • GARZEIT: 30 MINUTEN**

## ZUTATEN

1 Aubergine

1 Zucchini

½ Knollensellerie

3 Karotten

100 g Cherrytomaten

1 kleine Chili

1 Zwiebel

2 Knoblauchzehen

400 g Pelati/geschälte Tomaten (aus der Dose)

¼ Bund Thymian

2 Lorbeerblätter

½ Bund Basilikum

Salz

Pfeffer

1. Aubergine, Zucchini, Sellerie und Karotten in Würfel schneiden, Cherrytomaten halbieren. Die Kerne der Chili entfernen und die Schote in feine Streifen schneiden. (Die Chili kann weggelassen werden. Sie verleiht dem Gericht eine leichte Schärfe.) Zwiebel schälen und hacken, Knoblauchzehe abziehen und fein schneiden. Das Gemüse in eine große Schüssel geben.

2. Pelati und Thymian hinzufügen und alles gut mischen. Das Ratatouille auf zwei Garschalen des Dampfgarers verteilen und je ein Lorbeerblatt dazugeben. Die Schalen in die Garkörbe 1 und 2 stellen.

3. 30 Minuten garen.

4. Basilikum fein hacken und zum Ratatouille geben. Mit Salz und Pfeffer abschmecken und servieren.

# Rote-Bete-Risotto

**PORTIONEN: 4**
**VORBEREITUNGSZEIT: 15 MINUTEN • GARZEIT: 40 MINUTEN**

## ZUTATEN

3 Stangen Sellerie
1 Knoblauchzehe
250 g Rote Bete
   (gekocht)

250 g Risottoreis
600 ml Gemüsebouillon

100 g Parmesan

Salz
Pfeffer
½ Bund Petersilie

1. Sellerie in kleine Stücke schneiden. Knoblauchzehe abziehen und fein hacken. Rote Bete fein reiben und mit Knoblauch und Sellerie in eine Schüssel geben.

2. Risottoreis und Gemüsebouillon hinzufügen und untermischen. Das Risotto auf zwei Schalen des Dampfgarers gleichmäßig verteilen und in die Garkörbe 1 und 2 stellen.

3. 40 Minuten garen.

4. Risotto umrühren und den Parmesan hinzufügen. Mit Salz und Pfeffer würzen. Petersilie hacken und darüberstreuen.

# Polenta mit Pilzragout

**PORTIONEN: 2–3**
**VORBEREITUNGSZEIT: 10 MINUTEN • GARZEIT: 20 MINUTEN**

## ZUTATEN

1 Zwiebel
250 g Polenta

750 ml Gemüsebouillon

400 g Pilze
1 Knoblauchzehe
1 EL Olivenöl
1 EL Butter
½ Bund Schnittlauch
½ Bund Petersilie
½ Bund Basilikum
Salz
Pfeffer

### Sauce:

200 ml Gemüsebouillon
100 ml Rahm/Sahne
1 TL Maisstärke

100 g Mascarpone

1. Zwiebel schälen und hacken. Mit der Polenta in eine Garschale des Dampfgarers geben. Gemüsebouillon dazugeben und verrühren. Die Schale in Garkorb 1 stellen.

2. 20 Minuten garen. (Die Garzeit kann je nach Polentasorte variieren.)

3. Unterdessen die Pilze in grobe Stücke schneiden sowie den Knoblauch abziehen und fein hacken. In einer Bratpfanne Olivenöl und Butter erhitzen. Einen Zweig Petersilie zur Seite legen. Die restlichen Kräuter hacken und mit dem Knoblauch in der Pfanne andünsten. Pilze dazugeben und scharf anbraten. Hohe Hitze verwenden, damit die Pilze kein Wasser ziehen.

4. Für die Sauce Gemüsebouillon mit Rahm in einer Pfanne aufkochen und etwas einkochen. Maisstärke dazugeben und Sauce verdicken. Mit Salz und Pfeffer abschmecken.

5. Mascarpone unter die Polenta mischen. Polenta und Pilzragout mit Salz und Pfeffer abschmecken.

6. Pilzragout auf der Polenta anrichten und Sauce darübergeben. Mit Petersilie garnieren.

# Gnocchi mit Frühlingsgemüse

**PORTIONEN: 2–3**
**VORBEREITUNGSZEIT: 40 MINUTEN • GARZEIT: 30 MINUTEN**

## ZUTATEN

### Gnocchi:

2 Eier
250 g Ricotta
½ Bio-Zitrone
150 g Mehl
50 g Parmesan
Mehl für die
   Arbeitsfläche

### Gemüse:

1 Kohlrabi
2 Karotten
1 Frühlingszwiebel
4 Champignons

### Sauce:

100 ml Gemüsebouillon
150 ml Rahm/Sahne
50 g Crème fraîche
1 EL Mehl
100 g Reibkäse
Pfeffer

1. Für die Gnocchi Eier in eine Schüssel geben und verquirlen. Zitronenschale abreiben und etwas davon zur Seite legen. Den restlichen Abrieb mit dem Ricotta unter die Eier rühren. Mehl und Parmesan untermischen. Der Teig darf ruhig noch etwas klebrig sein.

2. Auf der Arbeitsfläche reichlich Mehl ausstreuen. Gnocchiteig zu ca. 2 cm dicken Rollen formen. Nun ca. 3 cm dicke Stücke abschneiden und jedes Stück kurz mit der Rückseite einer Gabel eindrücken: So bekommen die Gnocchi ihre Rillen. Gnocchi in den mit Backpapier ausgelegten Garkorb 3 legen.

3. Kohlrabi und Karotten schälen und in Stücke schneiden. In die Garkörbe 1 und 2 legen. Die Hälfte der Frühlingszwiebel in Ringe schneiden und darüberstreuen. Champignons in Scheiben schneiden und zur Seite legen.

4. Garbkorb 1 und 2 für 20 Minuten (von insgesamt 30 Minuten) garen.

5. Nach 20 Minuten die Pilze zum Gemüse legen. Garkorb 3 mit den Gnocchi ebenfalls dazugeben. Nochmals 10 Minuten garen.

6. Unterdessen die Sauce vorbereiten. Dazu Gemüsebouillon und Rahm in einer Pfanne aufkochen. Crème fraîche einrühren und die Sauce mit dem Mehl eindicken. Zum Schluss den Käse hinzugeben. Mit Pfeffer abschmecken.

7. Anrichten und mit den restlichen Frühlingszwiebelringen und dem Zitronenabrieb garnieren.

# Semmelknödel

PORTIONEN: 4
VORBEREITUNGSZEIT: 30 MINUTEN • GARZEIT: 20 MINUTEN

## ZUTATEN

250 g Weißbrot vom
Vortag (z. B. Weggli/
Semmeln)
2 Eier
200 ml Milch
1 ½ TL Salz
1 Zwiebel
1 Bund Petersilie
5 EL Mehl
Pfeffer

1. Brot in kleine Stücke schneiden und in eine Schüssel geben. Eier schaumig rühren und mit Milch über das Brot gießen. Salz dazugeben und unterrühren.

2. Zwiebel schälen. Petersilie und Zwiebel fein hacken und zur Brotmischung geben.

3. Mehl und Pfeffer dazugeben. Die Masse mit nassen Händen zu Kugeln formen. Garkörbe 1, 2 und 3 des Dampfgarers mit Backpapier belegen.

4. Knödel in die Garkörbe 1, 2 und 3 legen. 20 Minuten garen.

Dazu passen Schweine- oder Rinderbraten, Wildgerichte, Suppen und vieles mehr.

# Gemüsecurry mit Joghurtdip

**PORTIONEN: 4**
**VORBEREITUNGSZEIT: 20 MINUTEN • GARZEIT: 30 MINUTEN**

## ZUTATEN

3 Karotten
1 Blumenkohl
200 g Jasmin- oder
   Basmatireis
300 ml Wasser

2 EL gelbe Currypaste
500 ml Kokosmilch
2 cm Ingwer
¼ Bund Minze
1 Limette

### Joghurtdip:

¼ Bund Minze
100 g Naturjoghurt
1 EL Olivenöl
Pfeffer

¼ Peperoncini/Chili

1. Karotten schälen und in Streifen schneiden. Blumen-kohl in kleine Röschen schneiden. Beide Gemüse in die Garkörbe 2 und 3 des Dampfgarers geben.

2. Reis und Wasser in eine Garschale geben und in Gar-korb 1 stellen.

3. Alles 30 Minuten garen.

4. Unterdessen die Currypaste in einer Bratpfanne leicht anbraten. Mit der Kokosmilch ablöschen. Ingwer schä-len und fein hacken. Die Minze fein hacken. Ingwer und Minze in die Pfanne geben. Saft einer halben Limette einrühren. Nach Belieben Currypaste dazugeben, um den Schärfegrad zu erhöhen.

5. Für den Joghurtdip Minze fein hacken und unter den Jo-ghurt mischen. Olivenöl und Pfeffer dazugeben.

6. Gemüse zur Currysauce geben und alles gut mischen. Für die Garnitur Peperoncini in Ringe und die zweite Hälfte der Limette in dünne Scheiben schneiden. Mit Reis und Joghurtdip servieren.

# Winterlicher Quinoa-Salat

**PORTIONEN: 2**
**VORBEREITUNGSZEIT: 20 MINUTEN • GARZEIT: 30 MINUTEN**

## ZUTATEN

200 g Quinoa
350 ml Wasser
Salz

150 g Spinat (frisch
  oder tiefgekühlt)
2 Rote Beten
50 g Feta
1 Birne

### Sauce:

Olivenöl
½ Limette
Honig
Salz
Pfeffer

1. Quinoa mit Wasser und Salz in einen Garschale geben und in Garkorb 1 des Dampfgarers stellen. Spinat in den Garkorb 2 legen.

2. 5 Minuten (von insgesamt 30 Minuten) garen.

3. Nach 5 Minuten den gedämpften Spinat herausnehmen. (Wenn tiefgekühlter Blattspinat verwendet wird, nach 20 Minuten.)

4. Quinoa 25 Minuten weitergaren.

5. Unterdessen Rote Beten und Feta in kleine Würfel, die Birne in Spalten schneiden. Für die Sauce alle Zutaten verrühren und mit Salz und Pfeffer abschmecken.

6. Quinoa kurz auskühlen lassen. Gemüse, Feta und die Sauce untermischen. Birnenspalten auf dem Quinoa anrichten. Servieren.

# Rote-Bete-Ravioli

**PORTIONEN: 4**
**VORBEREITUNGSZEIT: 45 MINUTEN • GARZEIT: 10 MINUTEN**

## ZUTATEN

1 Rote Bete (ca. 200 g, gekocht)
350 g Mehl
1 TL Salz
2 Eier

### Füllung:

250 g Ricotta
100 g Mascarpone
Salz
Pfeffer
Blätter von ¾ Bund Thymian

Dazu passt Olivenöl, Parmesan oder eine Rahmsauce mit Steinpilzen.

1. Rote Bete schälen und mit dem Stabmixer pürieren.

2. Mehl, Salz, Eier und Püree in eine Schüssel geben und mit der Küchenmaschine zu einem Teig verarbeiten. Den Teig ca. 10 Minuten kneten, in Klarsichtfolie wickeln und 30 Minuten ruhen lassen.

3. Für die Füllung Ricotta, Mascarpone, Salz, Pfeffer und Thymianblättchen mischen.

4. Pastateig ausrollen und Kreise ausstechen. Etwas Füllung auf jeden Kreis geben, zuklappen und die Ränder mit der Gabel eindrücken. Garkörbe 1, 2 und 3 mit Backpapier belegen.

5. Ravioli in die Garkörbe 1, 2 und 3 legen. 10 Minuten garen.

# Hauptgerichte mit Fisch

# Lachsfilet mit Gemüse

**PORTIONEN: 4**
**VORBEREITUNGSZEIT: 20 MINUTEN • GARZEIT: 30 MINUTEN**

## ZUTATEN

1 rote Zwiebel
75 g schwarze Oliven
  (ohne Stein)

2 Zucchini
500 g Cherrytomaten

4 Lachsfilets ohne Haut
  (à ca. 150 g)
Salz
Pfeffer
2 Knoblauchzehen
1 Bio-Zitrone
2 EL Olivenöl

1 Bund Basilikum
1 Bund Petersilie
100 g Pinienkerne

1. Zwiebel schälen, halbieren und in feine Streifen schneiden. Oliven halbieren. Zwiebeln und Oliven nebeneinander in Garkorb 2 des Dampfgarers legen.

2. Zucchini längs halbieren und in dünne Scheiben schneiden. Cherrytomaten halbieren. Beides in Garkorb 1 legen.

3. Alles 20 Minuten (von insgesamt 30 Minuten) garen.

4. Lachsfilets von beiden Seiten mit Salz und Pfeffer würzen. Knoblauchzehen abziehen, in feine Scheiben schneiden und auf die Lachsfilets verteilen. Die Zitrone in feine Scheiben schneiden und mit je einem Zweig Basilikum auf die Filets legen. 1 EL Olivenöl darüberträufeln. Lachsfilets in Garkorb 3 legen.

5. 10 Minuten garen. Das Gemüse bleibt währenddessen in den Garkörben 1 und 2.

6. Die gegarten Tomaten, Zucchini, Zwiebeln und die Hälfte der Oliven in eine Schüssel geben und gut mischen. 1 EL Olivenöl dazugeben und mit Salz und Pfeffer abschmecken.

7. Restliches Basilikum und Petersilie fein hacken. Zitrone und Basilikumzweige vom Lachsfilet entfernen. Restliche Oliven, gehacktes Basilikum, Petersilie und Pinienkerne auf die Lachsfilets verteilen.

# Lachs mit Reis und Brokkoli an Safransauce

**PORTIONEN: 2**
**VORBEREITUNGSZEIT: 20 MINUTEN • GARZEIT: 30 MINUTEN**

## ZUTATEN

200 g Wildreis
300 ml Gemüsebouillon
1 Brokkoli

2 Lachsfilets
Salz
Pfeffer

### Sauce:

1 Schalotte
1 EL Butter
1 EL Olivenöl
150 ml Weißwein
  (fruchtig)
150 ml Rahm/Sahne
1 EL Crème fraîche
1 Safranbriefchen

½ Bund Petersilie

1. Reis mit Gemüsebouillon in eine Garschale geben und in Garkorb 1 des Dampfgarers stellen.

2. 10 Minuten (von insgesamt 30 Minuten) garen.

3. Brokkoli in kleine Röschen schneiden und in Garkorb 2 legen.

4. 10 Minuten (von insgesamt 20 Minuten) garen. Der Reis bleibt währenddessen in Garkob 1.

5. Lachsfilets mit Salz und Pfeffer auf beiden Seiten würzen und in Garkorb 3 legen.

6. 10 Minuten garen. Der Reis bleibt währenddessen in Garkob 1 und der Brokkoli in Garkorb 2.

7. Unterdessen die Sauce zubereiten. Dazu die Schalotte fein hacken und in einer Pfanne mit Butter und Olivenöl andünsten. Mit Weißwein ablöschen und zur Hälfte einkochen lassen. Rahm, Crème fraîche sowie Safran dazugeben. Nochmals ca. 5 Minuten köcheln lassen.

8. Brokkoli nach Belieben mit Salz und Pfeffer nachwürzen. Petersilie fein hacken, alles anrichten und servieren.

# Fischröllchen mit Zuckerschoten

**PORTIONEN: 2**
**VORBEREITUNGSZEIT: 15 MINUTEN • GARZEIT: 20 MINUTEN**

## ZUTATEN

½ Bund Petersilie
½ Bund Schnittlauch
Saft einer ½ Limette
100 g Mascarpone
Salz
Pfeffer

2 Rotzungenfilets
Zahnstocher

200 g Zuckerschoten/
   Kefen (frisch oder
   tiefgefroren)
1 Schalotte

1. Petersilie und Schnittlauch hacken. Kräuter und Limettensaft gut mit dem Mascarpone verrühren. Mit Salz und Pfeffer würzen.

2. Rotzungenfilets der Länge nach halbieren und mit der Mascarponemischung bestreichen. Aufrollen und mit einem Zahnstocher fixieren. Die Fischröllchen in Garkorb 1 des Dampfgarers legen.

3. 5 Minuten (von insgesamt 20 Minuten) garen.

4. Zuckerschoten in die Garkörbe 2 und 3 verteilen. Schalotte hacken und dazugeben.

5. 15 Minuten garen. Die Fischröllchen bleiben währenddessen in Garkorb 1.

6. Zuckerschoten mit Salz und Pfeffer würzen. Garnieren und servieren.

# Forelle auf lauwarmem Orangensalat

**PORTIONEN: 4**
**VORBEREITUNGSZEIT: 20 MINUTEN • GARZEIT: 15 MINUTEN**

## ZUTATEN

½ Zuckerhutsalat
3 Orangen
4 Forellenfilets

### Kräuterkruste:

2 Rosmarinzweige
½ Bund Petersilie
10 Baumnüsse/
  Walnüsse
1 EL Olivenöl
1 EL Crème fraîche

### Sauce:

1 Peperoncini/Chili
Saft von 1 Zitrone
Saft von 1 Orange
4 EL Olivenöl
1 EL Crème fraîche
1 ½ EL Honig
1 Knoblauchzehe
Salz und Pfeffer

1. Zuckerhut in Streifen schneiden. Orangen schälen und filetieren.

2. Für die Kräuterkruste Rosmarin, Petersilie und Baumnüsse fein hacken. Olivenöl und Crème fraîche dazugeben und alles verrühren. Die Masse auf die Forellenfilets verteilen.

3. Zuckerhut in zwei Garschalen des Dampfgarers legen, darauf Orangen und Forellenfilets verteilen.

4. Schalen in die Garkörbe 1 und 2 stellen und 15 Minuten garen.

5. Für die Salatsauce Peperoncini halbieren, entkernen und in feine Streifen schneiden. Restliche Zutaten dazugeben und verrühren. Mit Salz und Pfeffer abschmecken.

6. Den Orangensalat mit den Forellenfilets anrichten und die Sauce darübergeben.

# Schlemmerfilet

---

**PORTIONEN: 2**
**VORBEREITUNGSZEIT: 20 MINUTEN • GARZEIT: 30 MINUTEN**

---

**ZUTATEN**

400 g Kartoffeln

2 Dorschfilets (ca. 400 g)
Salz
Pfeffer

1 Bund Kräuter (Schnitt-
lauch, Frühlingszwiebeln,
Petersilie, Basilikum)
1 Knoblauchzehe
2 EL Paniermehl
20 g Butter

100 ml Rahm/Sahne
Muskatnuss

1. Kartoffeln schälen und in kleine Stücke schneiden. In die Garkörbe 1 und 2 des Dampfgarers legen.

2. 20 Minuten (von insgesamt 30 Minuten) garen.

3. Unterdessen die Dorschfilets zubereiten. Dazu den Fisch mit Salz und Pfeffer würzen. Die Kräuter fein hacken und in eine Schüssel geben. Knoblauchzehe abziehen, auspressen und hinzufügen. Paniermehl sowie Butter in kleinen Stückchen dazugeben. Mit Salz und Pfeffer würzen und alles gut mischen.

4. Die Kräutermasse auf die Dorschfilets verteilen. Den Fisch in Garkorb 3 geben.

5. 10 Minuten garen. Die Kartoffeln bleiben währenddessen in den Garkörben 1 und 2.

6. Kartoffeln mit dem Kartoffelstampfer oder einem Passiergerät zerdrücken. Rahm dazugeben und zu einem glatten Püree verarbeiten. Wenn das Kartoffelpüree zu fest ist, noch etwas Rahm oder Milch dazugeben. Mit Muskatnuss, Salz und Pfeffer abschmecken. Alles servieren.

# Lachsspieße auf Süßkartoffelpüree

**PORTIONEN: 2**
**VORBEREITUNGSZEIT: 20 MINUTEN • GARZEIT: 40 MINUTEN**

## ZUTATEN

1 Lachsfilet (ca. 500 g)
1 Knoblauchzehe
1 Bio-Zitrone
2 EL Olivenöl
Salz
Pfeffer

650 g Süßkartoffeln
150 g Kartoffeln

4 lange Schaschlik-
    spieße

1. Lachsfilet in große Würfel schneiden und in eine Schüssel geben. Knoblauch abziehen und auspressen. Etwas Zitronenschale abreiben. Zitronenabrieb, Knoblauch und Olivenöl zum Lachs geben. Mit Salz und Pfeffer würzen. In den Kühlschrank stellen und ca. 30 Minuten marinieren.

2. Süßkartoffeln und Kartoffeln schälen und in kleine Stücke schneiden. In die Garkörbe 1 und 2 des Dampfgarers legen.

3. 30 Minuten garen.

4. Die Zitrone in feine Scheiben schneiden. Abwechselnd Lachsfiletwürfel und Zitronenscheiben auf die Holzspieße stecken.

5. Süßkartoffeln und Kartoffeln aus der Garschale nehmen und in eine hohe Schüssel geben. Lachsspieße in Garkorb 1 legen und 10 Minuten garen.

6. Unterdessen Süßkartoffeln und Kartoffeln mit einem Stabmixer pürieren und mit Salz und Pfeffer abschmecken.

# Tomaten mit Thunfischfüllung

**PORTIONEN: 4**
**VORBEREITUNGSZEIT: 20 MINUTEN • GARZEIT: 30 MINUTEN**

## ZUTATEN

4 Eier
8 Tomaten
Salz
1 Dose Thon/Thunfisch
180 g Crème fraîche
1 Bund Schnittlauch
1 Bund Basilikum
Pfeffer

1. Eier in Garkorb 1 des Dampfgarers legen.

2. 30 Minuten garen.

3. Unterdessen von den Tomaten einen Deckel abschneiden und Kerne sowie Trennwände herausnehmen. Das Tomateninnere mit etwas Salz ausstreuen.

4. Thunfisch in eine Schüssel geben und mit einer Gabel zerkleinern. Die Eier schälen, klein würfeln und zum Thunfisch geben. Crème fraîche zufügen. Schnittlauch und Basilikum fein hacken und ebenfalls dazugeben. Alles gut mischen und mit Pfeffer abschmecken.

5. Die Tomaten füllen und nach Belieben die Deckel wieder daraufsetzen.

Dazu passen frisches Brot oder Pellkartoffeln.

# Erbsen-Minze-Risotto mit Fisch

**PORTIONEN: 4**
**VORBEREITUNGSZEIT: 20 MINUTEN • GARZEIT: 40 MINUTEN**

## ZUTATEN

200 g Risottoreis
350 ml Gemüsebouillon
150 ml Weißwein

200 g Erbsen
  (tiefgekühlt)
4 Doradenfilets mit
  Haut (je ca. 100 g)
Salz
Pfeffer

1 Bund Minze
100 g geriebener
  Parmesan

1 EL Olivenöl
1 EL Butter

1 Bio-Zitrone

1. Risottoreis, Gemüsebouillon und Weißwein in eine Gar-schale geben und in Garkorb 1 des Dampfgarers stellen.

2. 20 Minuten (von insgesamt 40 Minuten) garen.

3. Erbsen in Garkorb 2 und die Doradenfilets mit der Haut nach unten in die Garkörbe 2 und 3 geben. Doradenfilets mit Salz und Pfeffer leicht würzen.

4. 20 Minuten garen. Währenddessen bleibt das Risotto in Garkorb 1. Inzwischen die Minze klein hacken. Parmesan mit dem Risotto mischen. Erbsen und Minze zum Risotto geben und mit Salz und Pfeffer abschmecken.

5. In einer Bratpfanne die Doradenfilets mit Olivenöl und Butter auf der Hautseite kurz goldbraun anbraten.

6. Etwas Zitronenschale abreiben und über die Doraden-filets streuen. Fisch und Risotto anrichten und servieren.

# Flussbarschfilet an Kräuterrahmsauce mit Kartoffeln

**PORTIONEN: 4**
**VORBEREITUNGSZEIT: 15 MINUTEN • GARZEIT: 30 MINUTEN**

## ZUTATEN

800 g Kartoffeln

### Sauce:

1 Knoblauchzehe
1 kleine Zwiebel
1 EL Olivenöl
100 ml Weißwein
300 ml Gemüsebouillon

½ Bund Dill
½ Bund Schnittlauch
300 ml Rahm/Sahne
1 EL Maisstärke
Salz
Pfeffer

8 Flussbarschfilets/
 Eglifilets

½ Bund Petersilie

1. Kartoffeln schälen und in kleine Würfel schneiden. Kartoffeln in die Garkörbe 1 und 2 des Dampfgarers verteilen.

2. 20 Minuten (von insgesamt 30 Minuten) garen.

3. Unterdessen die Sauce zubereiten. Dazu Knoblauchzehe abziehen und Zwiebel schälen. Beides fein hacken und mit dem Olivenöl in einer Pfanne leicht andünsten. Mit Weißwein und Gemüsebouillon ablöschen und etwas einkochen lassen. Dill und Schnittlauch fein hacken. Kräuter und Rahm in die Pfanne geben. Zum Eindicken der Sauce Maisstärke einrühren. Mit Salz und Pfeffer abschmecken.

4. Flussbarschfilets mit Salz und Pfeffer würzen und in Garkorb 3 legen.

5. 10 Minuten garen. Die Kartoffeln bleiben währenddessen in den Garkörben 1 und 2.

6. Petersilie fein hacken und über die Kartoffeln streuen. Mit den Fischfilets und der Kräuterrahmsauce servieren.

# Sauerkraut-Wirsing mit Lachs

**PORTIONEN: 4**
**VORBEREITUNGSZEIT: 30 MINUTEN • GARZEIT: 30 MINUTEN**

## ZUTATEN

4 Lachsfilets (nach
   Belieben geräuchert)
1 Bio-Zitrone
Salz
Pfeffer

150 g Wirsing
500 g Sauerkraut
20 g Butter

200 g Crème fraîche
200 ml Weißwein

600 g Kartoffeln
Petersilie zum
   Garnieren

1. Die Lachsfilets halbieren, sodass acht gleich große Stücke entstehen. Etwas Zitronenschale abreiben und den Fisch mit Abrieb, Salz und Pfeffer würzen. Wirsing klein schneiden und mit Sauerkraut mischen.

2. Butter in einer kleinen Pfanne schmelzen.

3. Je zwei Lachsstücke in zwei Schalen des Dampfgarers legen. Auf jedes Stück etwas Sauerkraut-Wirsing-Mischung geben. Mit der flüssigen Butter beträufeln. Die restlichen vier Lachsstücke darauflegen, nochmals mit der Mischung belegen und mit Butter beträufeln. Übrige Mischung rund um die Lachsfilettürmchen verteilen.

4. Crème fraîche mit Weißwein verrühren und über die Lachstürmchen und das Gemüse verteilen.

5. Kartoffeln schälen und in Stücke schneiden.

6. Die Schalen mit dem Lachs in die Garkörbe 1 und 2 stellen, Kartoffeln in Garkorb 3 legen. 30 Minuten garen.

7. Zitrone in Spalten schneiden. Petersilie hacken und über die Kartoffeln streuen. Mit den Lachstürmchen servieren.

# Desserts

# Schokoladencreme mit Granatapfel

**PORTIONEN: 4**
**VORBEREITUNGSZEIT: 10 MINUTEN • GARZEIT: 30 MINUTEN**

## ZUTATEN

50 g Zucker
200 ml Milch
450 ml Rahm/Sahne
2 Eier
1 Vanilleschote

100 g Zartbitterschoko-
lade

Kerne von 1 Granatapfel

1. Zucker, Milch, 250 ml Rahm und Eier mit dem Schwing-besen verrühren. Das Mark aus der Vanilleschote kratzen und dazugeben.

2. Schokolade in eine Garschale des Dampfgarers legen. Creme darübergeben und mit Klarsichtfolie abdecken.

3. Garschale in Garkorb 3 stellen. (Garkorb 1 und 2 sind leer.) 30 Minuten garen.

4. Schokolade und Creme verrühren und auskühlen lassen. Restliche 200 ml Rahm steif schlagen und unterziehen.

5. Schokoladencreme anrichten und Granatapfelkerne darüberstreuen.

# Panna Cotta mit Beeren

## ZUTATEN

½ Vanilleschote
300 ml Rahm/Sahne
2 EL Zucker

2 Blatt Gelatine

200 g Himbeeren
4 EL Puderzucker
200 g Heidelbeeren

Basilikum zum
  Garnieren

1. Das Mark aus der Vanilleschote kratzen. Mit Rahm und Zucker in eine Pfanne geben und kurz aufkochen. Gelatine in kaltes Wasser legen und ca. 4 Minuten quellen lassen. Blätter herausnehmen und leicht ausdrücken. Unter ständigem Rühren der heißen, aber nicht mehr kochenden Creme beifügen, bis die Gelatine aufgelöst ist.

2. Creme in vier Förmchen verteilen.

3. Förmchen in Garkorb 1 des Dampfgarers stellen. Falls nicht alle Platz darin haben, auch Garkorb 2 verwenden. 25 Minuten garen.

4. Unterdessen die Himbeeren und die Heidelbeeren mit jeweils 2 EL Puderzucker pürieren. Je einige Beeren zur Seite legen.

5. Die Creme auskühlen lassen. Eine Schicht Heidelbeerpüree und dann eine Schicht Himbeerpüree darübergeben. Mit den restlichen Beeren und Basilikum garnieren und servieren.

# Karamell-Köpfli

PORTIONEN: 4
VORBEREITUNGSZEIT: 10 MINUTEN • GARZEIT: 25 MINUTEN

## ZUTATEN

300 ml Milch
2 EL Zucker
2 Eier
½ Vanilleschote
100 ml Karamellsauce
  (Fertigprodukt)

1. Milch, Zucker und Eier in eine Schüssel geben und verrühren. Das Mark der Vanilleschote auskratzen und mit der Schote hinzufügen. Alles in eine Pfanne geben und kurz aufkochen.

2. Die Karamellsauce in vier Förmchen verteilen. Vanilleschote aus der Creme entfernen und diese vorsichtig auf die Karamellsauce gießen.

3. Förmchen in Garkorb 1 des Dampfgarers stellen. Falls nicht alle darin Platz haben, auch Garkorb 2 verwenden. 25 Minuten garen.

4. Karamell-Köpfli auskühlen lassen. Vorsichtig auf vier Teller stürzen und servieren.

# Zwetschgenknödel

## ZUTATEN

400 g mehligkochende Kartoffeln

6 Zwetschgen
6 Stück Würfelzucker

30 g Butter
4 EL Mehl
2 Eigelb

100 g gemahlene Mandeln
Puderzucker zum Bestreuen

1. Kartoffeln schälen und in kleine Stücke schneiden. In Garkorb 1 des Dampfgarers legen.

2. 25 Minuten garen.

3. Unterdessen die Zwetschgen halb aufschneiden und den Stein entfernen. In die Mitte ein Stück Zucker setzen.

4. Kartoffeln mit dem Kartoffelstampfer oder einem Passiergerät zerdrücken. Butter, Mehl und Eigelb dazugeben und alles zu einem Teig kneten.

5. Den Teig in sechs gleich große Stücke aufteilen. Jeweils zu einer flachen runden Scheibe drücken. In die Mitte eine Zwetschge setzen und mit den Teigrändern umhüllen. Knödel schön glatt formen und in die Garkörbe 1 und 2 legen.

6. 20 Minuten garen.

7. Knödel in den gemahlenen Mandeln wälzen und mit Puderzucker bestreuen.

Dazu passt Vanillecreme oder Fruchtkompott.
Die Knödel lassen sich auch gut einfrieren.

# Aprikosen-Apfel-Kompott mit Joghurt und Nüssen

**PORTIONEN: 4**
**VORBEREITUNGSZEIT: 25 MINUTEN • GARZEIT: 25 MINUTEN**

## ZUTATEN

2 Äpfel
8 Aprikosen
4 EL Honig
1 Vanilleschote
Saft von 1 Zitrone

100 g Nüsse (z.B. Baum-
   nüsse/Walnüsse)
4 EL Zucker

100 ml Rahm/Sahne
300 g griechischer
   Joghurt
2 EL Puderzucker

1. Äpfel und Aprikosen klein schneiden und in eine Gar-schale des Dampfgarers legen. Das Mark aus der Vanille-schote kratzen und mit Honig und Zitronensaft darü-bergeben. Die Vanilleschote ebenfalls dazulegen.

2. Schale in Garkorb 1 stellen und 25 Minuten garen.

3. Unterdessen die Nüsse klein hacken und in einer Pfanne mit dem Zucker karamellisieren. Auskühlen lassen.

4. Den Rahm steif schlagen und mit Joghurt und Puder-zucker mischen.

5. Nachdem das Aprikosen-Apfel-Kompott ausgekühlt ist, in vier Dessertgläser füllen. Joghurtmischung darauf verteilen und mit den Nüssen garnieren. Servieren.

# Fruchtkompott

**PORTIONEN: 4**
**VORBEREITUNGSZEIT: 15 MINUTEN • GARZEIT: 25 MINUTEN**

## ZUTATEN

2 Äpfel
8 Aprikosen
8 Zwetschgen
2 EL Honig

1. Äpfel, Aprikosen und Zwetschgen in kleine Stücke schneiden. Den Honig darüberträufeln. Das Obst in eine Garschale des Dampfgarers legen.

2. Die Schale in Garkorb 1 stellen und 25 Minuten garen.

3. Kompott gut mischen und auskühlen lassen.

Passt zu Kaiserschmarren, Vanillecreme,
süßen Knödeln, Glace und vielem mehr.

# Gebrannte Creme

## ZUTATEN

1 Vanilleschote
300 ml Milch
200 ml Rahm/Sahne

4 Eigelb
4 EL Zucker
2 EL Maisstärke

4 EL Zucker

1. Das Mark aus der Vanilleschote kratzen. Mit der ganzen Schote, Milch und Rahm in eine Pfanne geben und kurz aufkochen.

2. Eigelb und Zucker mit dem Schwingbesen schaumig rühren. Maisstärke hinzufügen.

3. Vanilleschote aus der aufgekochten Masse entfernen. Eigelbmischung dazugeben, verrühren und in vier Förmchen füllen. Die Förmchen in die Garkörbe 1 und 2 des Dampfgarers stellen.

4. 30 Minuten garen.

5. Die Creme erkalten lassen. Zum Flambieren je 1 EL Zucker darauf verteilen. Mit dem Küchengasbrenner flambieren.

# Milchreis mit Zimt, Zucker und Apfelschnitzen

**PORTIONEN: 4**
**VORBEREITUNGSZEIT: 10 MINUTEN • GARZEIT: 40 MINUTEN**

## ZUTATEN

200 g Risottoreis
500 ml Milch
4 EL Zucker
1 Vanilleschote

2 Äpfel
100 ml Wasser
4 EL Zucker

1 EL Zucker
½ TL Zimt

1. Risottoreis, Milch und Zucker in eine Garschale geben. Mark der Vanilleschote auskratzen und dazugeben.

2. Garschale mit Risottoreis in Garkorb 1 des Dampfgarers stellen und 10 Minuten (von insgesamt 40 Minuten) garen.

3. Die Äpfel in Schnitze schneiden (wenn gewünscht, zuerst schälen). Mit Wasser und Zucker in eine Garschale geben und diese in Garkorb 2 stellen.

4. 30 Minuten garen. Das Risotto bleibt währenddessen in Garkorb 1.

5. Milchreis mit Zucker und Zimt bestreuen und mit den Apfelschnitzen anrichten.

# Vanillecreme mit Erdbeeren

**PORTIONEN: 4**
**VORBEREITUNGSZEIT: 15 MINUTEN • GARZEIT: 30 MINUTEN**

### ZUTATEN

50 g Zucker
200 ml Milch
250 ml Rahm/Sahne
2 Eier
1 Vanilleschote

300 g Erdbeeren
1 EL Zucker
Minzblättchen zum
  Garnieren

1. Zucker, Milch, Rahm und Eier mit einem Schwingbesen verrühren. Das Mark der Vanilleschote auskratzen und dazugeben.

2. Mischung in eine Garschale des Dampfgarers gießen und diese mit Klarsichtfolie abdecken.

3. Die Schale in Garkorb 3 stellen und 30 Minuten garen. (Garkörbe 1 und 2 sind leer.)

4. Unterdessen die Erdbeeren in Stücke schneiden und in eine Schüssel geben. Zucker dazugeben und ziehen lassen.

5. Vanillecreme vorsichtig umrühren und auskühlen lassen.

6. In vier Förmchen gießen. Erdbeeren darauf verteilen und mit Minzblättchen garnieren.

# Apfelmus-Zimtcreme mit Karamellmandeln

PORTIONEN: 4–6

VORBEREITUNGSZEIT: 30 MINUTEN • GARZEIT: 15 MINUTEN

## ZUTATEN

### Apfelmus:

500 g Äpfel
50 ml Wasser
½ EL Zitronensaft
2 EL Zucker
½ TL Zimt

### Zimtcreme:

150 ml Rahm/Sahne
200 g Rahmquark/
     Speisequark
40 g Puderzucker
2 TL Vanillezucker
½ TL Zimt

### Karamellmandeln:

100 g Mandelstifte
1 EL Butter
2 EL Zucker

1. Für das Apfelmus die Äpfel in Stücke schneiden und in Garschale 1 des Dampfgarers legen.

2. Die Schale in Garkorb 1 stellen und 15 Minuten garen.

3. Äpfel in eine große Schüssel leeren und mit dem Stabmixer zu Mus pürieren. Je nach Konsistenz Wasser hinzugeben.

4. Zitronensaft hinzufügen und nach Belieben mit Zucker und Zimt süßen. Apfelmus auskühlen lassen.

5. Für die Zimtcreme den Rahm steif schlagen. Restliche Zutaten dazugeben und weiterrühren, bis die Masse cremig ist.

6. Für die Karamellmandeln die Mandelstifte mit Butter in einer Bratpfanne anrösten. Zucker dazugeben und karamellisieren lassen.

7. Apfelmus und Zimtcreme abwechselnd in Gläser füllen und mit den Mandeln garnieren.

96 Seiten
9,99 € (D) | 10,30 € (A)
ISBN 978-3-7423-0352-3

Daniel Wiechmann

## Sous-vide

Dampfgaren für unver-
gleichlichen Geschmack

Bei Sous-Vide werden die Zutaten in Vakuum ver-
packt und im Wasserbad gegart. Das schmeckt
nicht nur unglaublich gut, sondern ist auch gesund.
Im Vakuumbeutel werden Aromen und Vitamine
nicht ausgekocht. Doch der wohl größte Vorteil ist:
Wenn Sie den Dreh beim Sous-vide-Garen raus-
haben, gelingen Fisch und Fleisch immer. Steaks
und Braten werden unglaublich zart, Fisch bleibt
saftig und bekommt einen schönen Biss. Und auch
Gemüse oder Obst können Sie perfekt im heißen
Wasserbad zubereiten. Dieses Buch erklärt das
Sous-vide-Verfahren Schritt für Schritt, führt durch
sämtliche Anwendungsmethoden und bietet über
60 Rezepte für Fleisch, Fisch, Suppen und Desserts.